AF329377

DE LA NÉCESSITÉ

D'UN

NOUVEAU CULTE

EN FRANCE;

PAR M.-L. BOUTTEVILLE.

> Jamais État ne fut fondé que la religion ne lui servît de base, et la loi chrétienne est au fond plus nuisible qu'utile à la forte constitution de l'État. (J.-J. ROUSSEAU, *Contrat social*.)

Prix : 60 centimes.

A PARIS,

CHEZ LES MARCHANDS DE NOUVEAUTÉS.

1830.

DE LA NÉCESSITÉ

D'UN

NOUVEAU CULTE

EN FRANCE.

En observant avec attention les événemens qui viennent de placer subitement la France au premier rang parmi les nations, mille idées ont bouillonné confuses dans ma tête. J'éprouve aujourd'hui l'impérieux besoin d'en laisser au moins échapper quelques unes. En parlant sans détour et avec hardiesse, comme il convient à un homme libre, que l'intérêt n'attache à aucun parti, qu'aucune coterie n'influence, je crois faire une chose qui peut-être ne sera pas tout-à-fait inutile au bonheur, au repos de mes concitoyens.

Rappelons un peu les faits. La France était livrée à toutes les misères, à toutes les inepties d'un règne faible, incertain, chancelant. Rien n'était stable alors; il n'était point d'avenir, nous n'avions point de lendemain. Conduit par une pente molle et insensible jusqu'au bord du précipice, le gouvernement crut pouvoir encore à temps retirer les guides en arrière; mais, toujours plein d'une folle confiance, il prit mal ses mesures, et ne rassembla pas même le peu de forces qui lui restaient. Soudain, le peuple s'élança comme un lion, sur sa proie : en quelques heures elle fut dévorée. — La France devint alors une véritable république ; elle se choisit pour chef LOUIS-PHILIPPE *le Populaire*. Si le duc d'Orléans se montra patriote, comme quelques uns l'assurent, en acceptant avec modestie un trône depuis long-temps objet de ses vœux, il parut à d'autres bien peu philosophe d'abandonner, pour un titre sans pouvoir assez étendu, une indépendance réelle et des jours de bonheur et de sécurité.

Je m'étonne qu'un parti qui va bientôt s'éteindre s'élève encore maintenant contre cette ombre de royauté qui nous reste. Il la menace, et semble ne pas s'apercevoir qu'il ne poursuit qu'un vain fantôme, une chimère, alors même qu'il possède la réalité. — Voulez-vous changer le titre de celui qui représente en France le pouvoir exécutif ? Eh bien ! appelez-le président, empereur ; décorez-le du nom qu'il vous plaira, et dites-moi quelle moindre étendue vous accorderez à son exercice.

Oui, notre édifice politique tout entier fondé sur le principe, mal compris jusqu'ici peut-être, de la *souveraineté du peuple*, constitue une république. L'ami de Washington, Lafayette, ce vétéran de la liberté, l'a proclamé lui-même, à l'heure où la Chambre des Députés vint inviter le duc d'Orléans *à accepter et à jurer les clauses et engagemens énoncés dans sa déclaration, l'observation de la Charte constitutionnelle et des modifications indiquées, et, après l'avoir fait devant les Chambres assemblées, à prendre le titre de Roi des Français.*

Sans doute, si l'expérience de nos pères nous trouve dociles à ses leçons, si les passions fougueuses, et les opinions erronées qu'elles font naître, ne nous aveuglent pas, le temps apportera à notre Constitution les modifications nécessaires à son maintien ; j'en prévois de nombreuses ; j'entrevois de rudes obstacles : un seul doit ici m'occuper.

Un peuple dépravé est fait pour l'esclavage. Appliquer cet axiome à la nation française, c'est mêler sans doute une voix bien discordante à ce concert de pompeux éloges qui lui est adressé de toutes parts, et sous certains points à juste titre. Ma mission, à moi, est de ne flatter personne : assez d'autres se chargent de ce soin. Dire ce que je crois une vérité utile ; l'exprimer sans ménagement, si parfois elle est offensante, telle est la tâche que j'adopte.

Qui oserait nier qu'en France toutes les branches sociales se trouvent corrompues ? — Comment en serait-il autrement, quand la morale est anéantie dans son principe, la religion ? quand on voit réalisée cette pensée monstrueuse des philosophes du xviiie siècle, un peuple d'athées ? — Vous avez vu ce peuple en armes exhaler sa haine et son aveugle fureur contre les personnes et les monumens consacrés au culte religieux ; c'est que pour lui il n'est rien de sacré ; c'est que la pensée d'un Dieu ne vient jamais frapper son esprit; c'est qu'il est sans principes, sans foi ni loi. — Considérez maintenant, parmi les classes plus instruites, cette tourbe d'intrigans et d'ambitieux, la plupart sans capacité, faisant la guerre aux places, s'asseyant audacieusement sur les débris d'un pouvoir que d'autres ont renversé. Ils ont sur les lèvres les grands mots de *Liberté* et de *Patrie*; ils flattent ainsi le lion populaire, et demain ils l'enchaîneraient si l'intérêt, leur seul mobile, venait à le leur commander. — C'est que l'existence d'un Dieu, si parfois ils y songent, n'est pour eux que comme un fait historique assez indifférent; ils ne la nieront pas en théorie, mais elle demeure sans influence sur leur conduite.

Ainsi, pour ne parler que de la France, elle est aujourd'hui dans une situation semblable, sous le rapport des croyances religieuses, à celle où se trouvait le monde quand Tibère était empereur. Alors aussi la religion n'était qu'un vain mot, le serment était sans garantie, la bonne foi violée, dans les mœurs une horrible dépravation. — Quels en furent les résultats? Personne ne les ignore.

La religion chrétienne a vieilli parmi nous comme toutes les superstitions de la terre; au xviiiᵉ siècle le matérialisme l'a remplacée, laissant après lui de funestes suites; pendant quinze ans, absence de tout culte; après ce temps, la politique vint en France relever les autels dans les temples, mais non pas dans les cœurs: ils furent toujours de plus en plus un objet de dérision, de mépris et de haine.

Pour le prouver quelques mots vont suffire. Je m'imagine le duc d'Orléans, lorsqu'il lui fallut, devant les Chambres assemblées, prêter le serment exigé pour être roi, s'exprimer en ces termes : Je prends à témoin la très sainte Trinité, le Père, le Fils et le Saint-Esprit; la très sainte Vierge, les saints Apôtres, les Martyrs et tous les Saints, etc..... — Je vois d'ici le rire et le mépris éclater sur tous les visages; je vois le duc d'Orléans chassé honteusement comme un *jésuite*, et déclaré indigne d'être le Roi des Français.

De ce que la religion, ce lien commun entre tous les hommes, est aujourd'hui anéantie, résulte ce malaise indéfinissable qui depuis long-temps tourmente la société et ouvre pour elle l'abîme des révolutions; de là aussi ce froid égoïsme qui nous désunit, qui nous tue.

Il faut le répéter, l'indifférence d'un peuple entier en matière de religion est pire cent fois que le fanatisme, cette exaltation religieuse fruit d'un alliage impur de vérité et de mensonge. Le dernier, s'il marche comme la fureur des tempêtes, tombe aussi bientôt comme elle; si quelquefois il a bouleversé les empires, il ne les a jamais détruits; souvent même il les a fortifiés, rétablis ou créés; partout où il se rencontre, le fanatisme indique un excès de vie et de force; c'est un géant, dont la tête touche au ciel et les pieds aux enfers. En vain il s'efforce d'agrandir les hommes, qu'il trouve petits; en vain il voudrait leur communiquer sa force, parce qu'il les trouve faibles : il s'épuise bientôt lui-même, et sa brûlante activité le consume. Mais la froide indifférence, monstre qui d'une main caresse des tombeaux, et qui de l'autre fait lentement distiller dans les cœurs le poison contagieux de l'égoïsme, est bien autrement funeste aux empires; elle glace tout ce qu'elle touche, elle détruit peu à peu tous les principes, tous les liens; et les États tombent en poudre, quand elle a achevé d'en ronger les bases.

Avant moi un homme remarquable, l'abbé de la Mennais, a signalé cet écueil de mort; mais ses efforts pour nous en détourner ne pouvaient que rester inutiles; il était obligé, par état, d'indiquer comme lieu de salut un port que les siècles et les tempêtes ont ruiné entièrement.

Je le dis, parce qu'à cet égard ma conviction est forte : la religion chrétienne, en ce moment, fait peut-être autant de mal au monde, qu'elle lui a jamais fait de bien. C'est que, dans la haine et le mépris qu'on lui porte, on confond avec elle les dogmes essentiels qui lui sont antérieurs, et qui, de tout temps et chez tous les peuples, ont servi de base à la véritable sagesse comme à toutes les superstitions. — Faut-il pour cela incendier ses temples, proscrire ses ministres? A Dieu ne plaise! Et, dans l'occasion, j'aurais encore le courage d'opposer à la fureur des peuples ses titres incontestables à leur respect, à leur reconnaissance. S'il reste encore parmi nous quelques vestiges de cette religion, il suffit, pour qu'ils soient bientôt effacés, de comprimer avec sagesse l'esprit remuant et ambitieux de ses prêtres , dont le nombre, à présent qu'elle n'est plus une voie au pouvoir et à la fortune, va diminuer de jour en jour.

Mais à la place du christianisme, mort aujourd'hui dans tous les cœurs, quel nouveau culte édifier enfin ? C'est une grande question et qui n'occupe encore qu'un petit nombre d'esprits. Il en est beaucoup par malheur qui n'y attachent aucune importance, d'autres la croient tout-à-fait insoluble.

Je conçois difficilement l'indifférence des premiers. — Quoi ! vous verrez un peuple tout entier dévoré par un hideux athéisme, et ce spectacle ne saurait vous émouvoir ! Quels hommes êtes-vous donc ? Avec de tels principes apprenez-moi, s'il se peut, le secret de vivre en honnête homme ; dites-moi qui préservera la vertu, (ce mot vous fait sourire) contre les entreprises du crime ; qui vengera le mérite des bassesses de l'intrigant ? Où sera la garantie du serment ? Où sera celle de nos droits, de notre liberté ? Comment occuperez-vous enfin cet immense surcroît d'existence, ce vide de l'ame qui, s'il n'est satisfait par quelque chose de vague et d'infini comme lui-même, livre le monde à toutes ces inquiétudes indéfinissables , à tous ces désordres dont la cause échappe à l'observateur peu attentif ? — Ah ! j'entends. Pour notre instruction vous nous mettrez entre les mains le catéchisme du matérialiste Volney ; vous nous expliquerez peut-être encore les rêveries des Saint-Simoniens. Pauvres gens !

La question que nous proposons n'est pas , d'ailleurs,

aussi difficile à résoudre qu'on le pense généralement.
Il suffirait que l'autorité donnât l'exemple ; et, j'ose le
dire, il n'est pas de superstition que le peuple français
n'embrassât avec joie à la place du christianisme.
Quelles préventions n'avons-nous pas contre la religion
des anciens ? Eh bien ! malgré l'idée, absurde selon moi,
que nous en avons prise, s'il était possible de la réta-
blir avec tous ses divers attributs, avec ses brillantes
cérémonies, avec ses fables poétiques et ses impéné-
trables mystères, on verrait bientôt, je n'en doute pas,
les charmes qui lui sont propres, et surtout celui de
la nouveauté, attirer la foule dans ses temples.

Dois-je expliquer ici toute ma pensée ? — Où j'ai
mal étudié les vestiges, encore nombreux, de la religion des anciens, ou cette religion fut, à mon avis,
la plus belle, la plus sage qu'on puisse imaginer. Moins
sublime et moins pure, dans ses dogmes et dans sa
morale, que le christianisme, elle était, en cela même,
plus appropriée à la grossièreté des peuples. Dieu repré-
senté, par elle, en des objets sensibles, sous divers noms,
sous divers attributs, se manifestait partout aux yeux et
à la pensée des hommes. Les arbres des forêts, la foudre
des airs, les astres du ciel, l'immense Océan, les fleuves,
les ruisseaux, les fontaines, les animaux muets, tous
les détails de la nature, consacrés à la divinité sous
quelqu'un de ses attributs, ou divinisés eux-mêmes,
parlaient vivement aux mortels du souverain créateur,
de sa toute-puissance, de sa bonté, de sa justice, et
le rendaient présent à toute heure, en tout lieu. — Mais

ces fêtes de débauche, ces bacchanales, ces mystères d'abomination, comme ceux de la bonne déesse! — Une morale sévère a droit de les blâmer; mais, à mes yeux, ces fêtes elles-mêmes, ces mystères, qui donnaient un champ libre et positif à ce vertige de licence effrénée qui nous saisit parfois et qui veut une issue, prouvent hautement que les législateurs anciens connaissaient mieux les hommes et avaient étudié, mieux que nous, *la science du gouvernement.* — Qu'on se rappelle d'ailleurs les mystères des *Adamites* et d'autres sectes du christianisme; qu'on se rappelle la fête des diacres, celle des fous, celle que nous voyons encore se célébrer en partie de nos jours, le carnaval, on conviendra que la religion chrétienne elle-même, malgré l'austérité de sa morale, a payé tribut à cette espèce de fureur que j'ai désignée comme essentielle à notre nature.

En faisant ainsi l'apologie des anciennes superstitions, serait-ce que leur rétablissement parmi nous ne me parût pas chose impossible? — Peut-être! .... Lecteur! je vous en prie, ne déchirez point ces pages; la tâche que je propose est plus facile, je pense, que vous ne l'imaginez.

« L'existence d'un Dieu, l'immortalité de notre âme, et, après cette vie, des récompenses pour la vertu et des châtimens pour le crime, sont des dogmes étayés de la sagesse de tous les temps et de tous les lieux; et, en observant que la sublimité métaphysique de cette doctrine se retrouve dans le cœur de l'homme sauvage, comme dans celui de l'homme civilisé, on ne peut douter qu'elle n'y ait été gravée par Dieu même en caractères indestructibles. Contre cet assentiment universel, de quel poids sera l'opinion de quelques froids et orgueilleux sophistes, de quelques fous, dont l'étroite cervelle prétend mesurer l'Éternel, et le juger dans son immense ouvrage. En vain, pour colorer leur excès d'audace et de folie d'une ombre de raisonnement, appelleront-ils le génie du mal à l'appui de leurs erreurs. — Digne soutien de leur cause ! — Mais lors même que tu ne saurais assigner aucune origine probable au déluge de maux et de désordres qui inonde la société, dois-tu accuser ton Dieu, lui reprocher ce que tu appelles son impuissance, sa folie et sa cruauté, puis, ne pouvant concilier ces idées avec celles qu'on se forme de la Divinité, déclarer enfin qu'il n'existe pas celui dont tu tiens ta propre existence ! — Homme insensé ! adore bien plutôt la main paternelle qui ne t'écrase pas au moment de ton blasphème ; la main constante qui règle le cours des astres et des saisons, la main bienfaisante qui couvre tes champs d'abondantes récoltes, et qui donne à ton cœur l'amitié, l'amour et l'espérance ; la main prévoyante qui entretient la propagation des êtres par des moyens si cachés et si merveilleux, qui te fait trouver la joie dans les principes de la vie et les douceurs de la paternité. — Si cette main te frappe quelquefois, ne va pas te révolter contre elle ; reconnais seulement ta faiblesse et les bornes de ton intelligence.

« Mais il n'est pas vrai que le problème en question soit tellement enveloppé de ténèbres, que notre entendement ne puisse, de quelque manière, en percer les profondeurs et en découvrir le nœud. J'y vois Dieu lui-même perfectionnant son ouvrage, et le marquant du sceau de sa puissance, en créant pour l'homme des souffrances corporelles, et mettant dans son cœur ces passions turbulentes, sources de ses chagrins et de ses crimes, en même temps qu'elles le sont de ses plaisirs et de ses vertus. — La vertu ! voilà ce que nous devons à ce mélange de bien et de mal, et au combat perpétuel qu'ils se livrent : c'est elle que nous pratiquons, lorsque, entre Dieu et notre conscience, nous respectons la femme d'un ami confiant, lorsque nous étouffons les mouvemens d'une injuste ambition, contraires au véritable patriotisme ; c'est elle qui nous fait haïr les tyrans ; c'est elle qui enflamme nos concitoyens de ce courage généreux qui leur fait affronter la mort pour la défense de leur patrie et de la liberté ; c'est elle qui nous rend modérés dans le succès, fermes dans l'adversité : elle nous mérite l'immortalité et le bonheur.

« Supposez maintenant, si vous le pouvez sans horreur, que le néant soit notre unique asile après cette vie de misères et d'épreuves. — Je vois aussitôt un désordre effrayant se glisser dans l'ordre moral, et sa laideur ressortir encore davantage par la beauté constante et la perfection de l'ordre physique. Oh ! alors, accusez (et vous le pouvez avec justice), maudissez le Dieu cruel et insensé qui vous créa ! reprochez-lui de

se repaître de vos misères, de s'enivrer de vos chagrins! Demandez-lui compte des pleurs que vous avez
versés! Redemandez-lui cet ami fidèle que vous ne
reverrez jamais; cette épouse tendrement chérie, source
autrefois de tant de joies et de consolations; ce fils qui
devait soulager et embellir votre vieillesse; cette jeune
vierge que la mort enleva à votre amour, et dans la-
quelle vous espériez le bonheur; ce chien même, der-
nière consolation qu'il vient de vous ravir. Demandez-
lui encore pourquoi il mit dans votre cœur la conscience du juste et de l'injuste, l'enthousiasme de la
vertu, et ce dégoût de la terre, et ces élans vers le
ciel, et ce désir ardent d'un bonheur immense, et ce
vague instinct d'un autre avenir! — Il dédaigne de
vous répondre, il sourit de vos gémissemens, il compte
vos larmes et vos douleurs, il refuse de les consoler,
il en jouit! — Oh! alors, si vos efforts réunis peuvent
atteindre jusqu'au trône de ce tyran, arrachez de sa
main barbare le tonnerre dont il vous épouvanta tant
de fois : le premier usage que vous en devez faire, est
de l'en écraser! — Mais tel n'est point le Dieu que
nous adorons, etc. »

Choisissez un temple; décorez-le d'objets symbo-
liques qui parlent de Dieu à tous les sens; formez un
culte et des cérémonies sacrées, et, si vous êtes de
bons pères de famille, de mœurs irréprochables, prê-
chez-y cette doctrine, cette religion toute de senti-
ment, et qui convient à tous les hommes; établissez
d'abord ces dogmes de croyance que tous les sages,

que toutes les nations ont adoptés ; ensuite laissez faire au temps et à cet esprit de superstition dont les hommes, même les plus instruits et du caractère le plus ferme, ne peuvent toujours se défendre. En général, ils saisiront assez bien le fond de vos idées, ils les adopteront, mais en y ajoutant les leurs propres, qui se trouveront ordinairement plus grossières, et aussi plus appropriées à leur éducation, à leur position sociale. Et puis, laissez venir les poètes.

Je crois qu'une société qui se formerait dans ce but ferait un acte bien généreux, bien patriotique ; elle rapprocherait les hommes en détruisant peu à peu ce dégoûtant égoïsme qui déshonore, en France surtout, l'espèce humaine ; elle nous rendrait peut-être cette gaîté franche et naïve que nous avions en d'autres temps, et que l'irréligion nous a fait perdre. Avec les principes religieux renaîtraient aussi la bonne foi, la confiance, les garanties sociales. Tous les sentimens généreux de l'âme en recevraient bientôt plus de vivacité et d'éclat. On aimerait mieux sa patrie, on la défendrait avec plus de courage, parce que, de jour en jour, les citoyens seraient plus unis entre eux.

J'indique une pensée exprimée à la hâte, laissant à ceux que leur position y engage le soin de la juger, de la corriger, de la mettre en pratique. J'appelle de tous mes vœux l'instant où elle viendrait à se réaliser. Dans son accomplissement, je vois notre régénération sociale, et, pour la France, encore quelques siècles peutêtre de bonheur, de puissance et de gloire.

Une invasion nous menace, elle me paraît inévitable:
la repousserez-vous? Oui, d'abord, je le crois; mais
vos victoires elles-mêmes finiront bientôt par vous
affaiblir. Si vous n'êtes unis par le lien le plus puissant
parmi les hommes, une religion commune, craignez de
voir surgir du Nord, comme au déclin de l'empire
romain, une foule de peuplades sauvages qui deman-
deront à régner sur vos climats. Regardez la Pologne,
et lisez votre sort! Alors viendraient de longs jours de
désolation, puis encore la barbarie et l'ignorance, ber-
ceau, obligé peut-être, de toutes les superstitions, de
toutes les croyances qui donnent la vie aux nations.

Ces dernières réflexions me rappellent involontaire-
ment la strophe qui termine le *Chant du Cosaque* de
Béranger, que je cite pour finir:

> Tout cet éclat dont l'Europe est si fière,
> Tout ce savoir qui ne la défend pas,
> S'engloutiront sous les flots de poussière
> Qu'autour de moi vont soulever tes pas.
> Efface, efface, en ta course nouvelle,
> Temples, palais, mœurs, souvenirs et lois,
> Hennis d'orgueil, ô mon coursier fidèle,
> Et foule aux pieds les peuples et les rois.

DE L'IMPRIMERIE DE CRAPELET,
rue de Vaugirard, n° 9.